PLUS

DE DROITS RÉUNIS,

C'EST LE VOEU DE TOUS LES FRANÇAIS.

———

IL faut cependant au Gouvernement des impôts sur les liquides, mais il faut en dégager l'odieux et les vexations, et se rappeler ,

1°. Que les premiers coups de notre fatale révolution se sont portés sur les aides, quoique leur administration fut mille fois plus douce et plus supportable que celle des Droits réunis;

2°. Que les vexations, sans exemple, des Droits réunis n'ont pas peu contribué au renversement du trône de Buonaparte ;

3°. En percevant l'impôt des liquides à l'extraction, à la charge néanmoins de l'acheteur, en faisant faire cette perception, sans frais, par les percepteurs des impôts directs, qui n'auraient qu'une remise modérée sur leurs versemens aux caisses générales, il ne faudrait ni administration, ni employés, ni fermiers-généraux, ainsi que je vais le démontrer, et, par conséquent, dans la supposition même où le peuple ne payerait que moitié, le Gouvernement en retirerait plus qu'il ne l'a fait jusqu'à ce jour, puisqu'il est reconnu que plus de la moitié était absorbée en frais d'administration et de commis.

Je n'entends parler que des Droits réunis, et non du produit des entrées de Paris et des grandes villes. Les partisans des Droits réunis pourraient chercher à en soutenir le système actuel en les amalgamant avec les octrois ; mais il faut bien distinguer ce que l'intérêt particulier peut seul vouloir confondre dans l'unique vue de maintenir en activité une armée de commis qui dévore et tourmente les citoyens utiles à l'état, tue le commerce et paralyse la culture.

Je pense donc que l'impôt sur les liquides peut être perçu, dans toute la France, d'après une loi sage qui aurait pour bases principales les articles ci-après :

Art. 1er. Les propriétaires de vignes feront chaque année, avant le 1er. Novembre, la déclaration de leur récolte, au percepteur des contributions de leur commune ; il sera à cet effet remis chaque année auxdits percepteurs, deux registres cotés n°. 1 et n°. 2.

La déclaration sera inscrite à gauche du registre n°. 1, et la droite servira à inscrire les paiemens des contribuables, qui devront être faits à mesure de l'enlèvement des liquides.

Les propriétaires qui sauront écrire signeront au registre n°. 1 leur déclaration ; ceux qui ne le sauront pas, seront tenus de se présenter pour faire leur déclaration avec deux témoins aussi propriétaires, dont un au moins saura signer et signera.

Art. 2. Les percepteurs délivreront aux déclarans copie de leur déclaration, laquelle ceux-ci seront tenus de représenter à chaque paiement qu'ils feront ; le percepteur y inscrira ces paiemens de la même manière qu'au registre.

Art. 3. Dans le courant de Décembre, inclusivement de chaque année, les percepteurs déposeront aux préfectures et sous-préfectures le registre n°. 2 (ou double registre) , après avoir été collationné et arrêté par un Inspecteur des contributions, sur le registre n°. 1. Les Préfets ou sous-Préfets en délivreront récépissé auxdits percepteurs.

Art. 4. Les propriétaires qui voudront changer les vins de leur récolte, des celliers où ils auront été entonnés, pour les conduire dans d'autres, seront tenus avant l'enlèvement d'en aller faire la déclaration au percepteur qui aura reçu la première déclaration, lequel l'émargera au registre n°. 1, à l'article du contribuable (qu'il lui fera signer s'il sait écrire, sinon mettre, a déclaré ne savoir signer). Les propriétaires n'en seront pas moins tenus, lors de la vente, d'en acquitter le droit audit percepteur; et au cas que ces propriétaires fissent rendre ces liquides dans des villes sujettes aux octrois, ils se conformeront à ce qui est prescrit à l'art. 18, comme les autres entrepositaires.

Art. 5. Pour assurer le droit sans inquiétude pour le Gouvernement, tous les propriétaires, sans distinction, seront tenus de se faire cautionner par un autre propriétaire, reconnu solvable, qui signera avec eux le registre de déclaration.

Il sera loisible à ceux qui ne voudront, ou ne pourront pas se faire cautionner, d'acquitter les droits en faisant la déclaration.

Art. 6. Les Préfets ou sous-Préfets, dans le mois d'Octobre inclusivement de chaque année, choisiront, sur la présentation du conseil municipal de la ville de leur résidence, des citoyens probes et honnêtes, lesquels, après avoir prêté serment et après avoir reçu du percepteur le relevé des déclarations faites par les propriétaires, iront chez lesdits propriétaires en vérifier la sincérité, et écriront, sur les lieux même, à l'article de la déclaration (colonne observations) ; vu conforme à la déclaration, ou la note de ce qui ne serait pas exact. Il sera statué et prononcé ensuite conformément à la loi, sur les peines encourues ; pour éviter de verbaliser, les commissaires recenseurs feront signer au registre les contrevenans ou deux témoins ; à leur refus, il sera verbalisé à leurs frais.

Art. 7. Les commissaires recenseurs seront divisés par canton, deux par deux, de manière que ces recensemens soient terminés, pour tout délai, dans le courant de Novembre. Leur indemnité sera fixée par les Préfets ou sous-Préfets, sur la proposition des conseils municipaux ; l'opération finie, lesdits commissaires resteront sans pouvoir, sauf à les reprendre au recensement suivant, s'ils sont remis en activité ; mais dans ce cas, ils ne pourraient opérer dans le même canton.

Art. 8. Pour assurer la rentrée de l'impôt au trésor, il sera fait, outre le recensement d'après vendange du mois de Novembre, deux autres recensemens, savoir ; le premier dans le mois de Mars inclusivement ; le second au mois d'Août aussi inclusivement de chaque année ; et ceux des propriétaires chez lesquels il se trouverait moins de liquides qu'ils n'en devraient avoir d'après leur déclaration et quittances venant en décharge (qu'ils seront tenus de représenter aux commissaires recenseurs), devront dans la quinzaine, pour tout délai, payer au percepteur le droit de ce qui manquerait, sinon ils y seront contraints par les mêmes voies que les contributions directes, sans qu'ils puissent alléguer que c'était à l'acheteur à payer, la loi les rendant responsables, et attendu leur négligence, d'avoir aussitôt l'enlèvement acquitté le droit ; la perception s'en fera sur le prix de la mercuriale la plus élevée depuis le dernier recensement.

Lors du recensement du mois de Novembre pour les vins nouveaux, les commissaires recenseurs feront en même tems le recensement de ceux des années antérieures, de la même manière qu'il est expliqué au présent article, et à chaque recensement, ainsi qu'il est dit ci-dessus, les commissaires seront changés de canton.

Art. 9. A mesure de l'enlèvement des vins vendus ; les propriétaires seront tenus, sous leur responsabilité, de faire acquitter le droit de 10 pour % de la vente, (déduction de celui de la futaille) par l'acheteur, au compte duquel est ce droit, chez le percepteur de la commune, qui délivrera quittance au dos de la déclaration, ainsi qu'il est expliqué article deuxième.

Art. 10. Il sera accordé aux propriétaires récoltant une déduction de non sujet aux droits, savoir :

1º. De 7 pour % pour les six premiers mois , attendu le déchet des vins nouvellement entonnés ;

2º. De 3 pour % pour les six autres mois de la première année ;

3º. De 4 pour % pour les autres années ;

4º. De *trois* pièces par cinq arpens de vignes, pour leur boisson et celle de leur famille. L'arpent est fixé à 100 perches de 20 pieds.

Art. 11. Pour fixer le prix des vins et éviter toute discussion suivant les différentes variations, les Préfets ou sous-Préfets, sur la présentation des Maires, Adjoints et Conseils municipaux des communes rurales, nommeront, tous les ans au mois d'Août, des tonneliers connus sous le nom de Courtiers de campagne, qui sont ordinairement chargés des achats pour les marchands, ainsi qu'un propriétaire de vignes par commune ; ils leur adjoindront deux Négocians ou Marchands de vin, sur la présentation des Conseils municipaux des villes ; les uns et les autres prêteront serment et formeront une commission qui, une fois tous les mois, le jour ou le lendemain du dernier marché de chacun, s'assemblera à la Préfecture ou sous-Préfecture, sous la présidence des Préfets ou sous-Préfets, à l'effet d'établir la mercuriale du prix des vins de chaque commune ; il en sera formé trois classes, première, deuxième, troisième, et une quatrième pour les vins gâtés, n'étant propres qu'aux vinaigres. La liste ainsi faite et arrêtée par la commission, sera remise au Préfet ou au sous-Préfet, qui l'enverra de suite aux percepteurs des impositions, pour leur servir à la perception du mois suivant.

Il y aura pour ces mercuriales un registre à ce destiné, déposé aux Préfectures ou sous-Préfectures, pour inscrire le procès-verbal de chaque séance, qui sera signé de chaque membre qui saura écrire.

Il sera nommé, tant aux Courtiers qu'aux Négocians et Propriétaires, autant d'adjoints que de commissaires, afin que les membres de la commission qui, dans le cas d'empêchement légitime, ne pourraient s'y trouver, fussent représentés par leurs adjoints.

Cette commission ne sera point salariée, elle sera purement honorifique.

Elle fixera également le prix des futailles une fois l'an, fin d'Août, pour servir toute l'année de déduction sur le prix du vin. Ce prix sera constaté de la même manière que celui du vin. Au moyen de la formation de cette commission ou jury, toutes les parties intéressées seront représentées, les Préfets ou sous-Préfets, par le Gouvernement ; les Négocians, par la Commune ; les Propriétaires, par les Propriétaires; et les Courtiers de campagne, pour donner connaissance du prix des liquides.

ART. 12. Attendu que souvent dans chaque commune il se trouve deux à trois qualités de vin, et que le droit doit être proportionnel à sa valeur, les Maires et Adjoints, conjointement avec les membres des Conseils municipaux des communes rurales, les désigneront et dresseront un tableau, habitation par habitation, qu'ils déposeront aux Préfectures et sous-Préfectures, qui en enverront expédition au percepteur. Ces tableaux n'auront pas besoin d'être renouvellés tous les ans.

ART. 13. A l'égard des vins nouveaux qui seraient enlevés avant l'établissement des mercuriales, la perception du droit ne sera que provisoire jusqu'à l'établissement dudit droit, et prise sur celle du mois précédent, sauf à faire compte du plus au moins, sur la mercuriale du premier mois des vins nouveaux.

ART. 14. Pour assurer le droit des vins existans maintenant chez les propriétaires récoltans, ils seront tenus, dans le délai de ...., à partir de la promulgation de la présente, et pour cette fois seulement, de les déclarer de la manière prescrite par l'article 1er., et la vérification en sera faite dans les mêmes formes.

ART. 15. La loi n'entendant faire payer le droit qu'aux vins vendus ou bus, s'il arrivait un accident de force majeure, qui ne proviendrait pas de la faute du propriétaire, il en ferait dresser procès-verbal, soit par le Maire, assisté de son Adjoint et d'un membre du Conseil municipal, soit par le Juge de paix, assisté de son Suppléant et Greffier, sans frais, pour être prononcé ensuite par le Conseil de Préfecture.

Art. 16. Au moyen de la perception du droit établi d'après l'inventaire, les boissons circuleront librement, pour en faire l'usage qu'il conviendra au propriétaire récoltant, ou acquéreur, soit pour les convertir en eau-de-vie, soit pour en faire du vinaigre, sans qu'il soit besoin de congés ni autre formalité.

Art. 17. Comme il est nécessaire d'assurer aux grandes villes un droit de consommation, il sera établi dans chacune, des bureaux à chaque porte pour percevoir le droit, d'après les tarifs qui seront réglés et arrêtés.

Art. 18. Pour ne point gêner les entrepositaires de chaque ville, excepté à Paris, vu sa population, les commerçans ou propriétaires qui voudront jouir du droit d'entrepôt dans leur domicile, seront tenus, à l'arrivée aux bureaux d'entrée, de donner leur soumission d'entrepôt, sous bonne et solvable caution, et d'en justifier dans l'année, la sortie ou l'existence dans leurs magasins ; et au défaut, ils seront contraints au droit sans autre formalité vexatoire de visites et perquisitions, sous la déduction de 4 pour % par an sur le vin, 5 pour % sur l'eau-de-vie ordinaire, et 6 pour % sur les esprits 3/6, pour tenir lieu de l'évaporation et coulage.

Art. 19. A la Mairie de chaque ville sujette à l'octroi, il sera tenu un registre de compte ouvert par entrée et sortie. L'entrée sera la soumission de l'entrepositaire ; la sortie, la décharge des employés des bureaux par lesquels seront sorties les marchandises.

Art. 20. Dans les villes où il se fabrique des vinaigres de vin, la sortie de ces marchandises représentera autant de vin, et ce qu'il en restera dans les vaisseaux ou magasin, de même ; pourquoi les entrepositaires comme les employés , se conformeront à l'art. 19 pour la décharge, et les fabricans ne pourront employer que des vins à ladite fabrication, à peine d'interdiction du droit d'entrepôt, et au paiement du droit d'octroi , de tout ce qu'ils auraient en entrepôt. (1)

ART. 21. Il ne pourra être établi aucune fabrication d'eau-de-vie dans les villes sujettes à l'octroi , attendu qu'elles nécessiteraient des exercices et surveillance d'employés, odieuses au peuple Français ; mais cette fabrication pourra se faire dans les autres, comme dans les bourgs et hameaux.

ART. 22. Les droits de perception des octrois seront versés dans les caisses municipales, où ces fonds suivront les règles de comptabilité qui leur sont applicables.

---

(1) Il serait même possible d'établir le droit d'octroi des villes par des abonnemens faits de gré à gré, tant avec les cabaretiers ou débitans, qu'avec les consommateurs ; ce moyen éviterait tous bureaux et employés, qui sont si tellement odieux au peuple Français, que je crois que personne ne s'y refuserait, d'autant que dégagés des frais de recette et d'administration qui en dévore une grande partie, ils seraient peu conséquens. Une députation honoraire, établie aux Préfectures, sous-Préfectures ou à la Mairie, en serait chargée ; à ce moyen les art. 17, 18, 19, 20 et 21 disparaîtraient.

APPERÇU *du produit du Droit à l'extraction, établi sur le pied de* 10 *pour* % *de la vente, et en calculant la récolte annuelle des vins en France, année commune, à vingt millions d'hectolitres.*

600,000 Hectolitres de grands vins tant à Bordeaux qu'en Bourgogne, Champagne et autres vignobles, qui ne se consomment qu'à l'extra-ordinaire, ou qui passent à l'étranger, qui d'après les hauts prix qu'ils se vendent, rendraient au moins 20 fr. l'hecto-litre. . . . . 12,000,000 **fr.**

300,000 Hectolitres autres bons vins, seconde qualité, à 10 fr. . . . 3,000,000

3,000,000 Hectolitres de tous les vignobles, que l'on appelle vin ordinaire de table, à 5 fr. 15,000,000

10,000,000 Hectolitres vin ordinaire marchand, servant aux petits particuliers ou cabaretiers, à 2 fr. 50 cent. 25,000,000

6,100,000 Hectolitres petits vins servant à la fabrication des eaux-de-vie et vinaigres, à 1 fr. 25 c. . . 7,622,222

20,000,000 *Produit net du vin à l'extraction.* . 62,622,222 **fr.**

Je dis produit net, parce que les frais par les percepteurs ne seraient presque rien, que d'ailleurs l'on pourrait ajouter 2 ou 3 centimes par franc, même moins, pour les couvrir; et si le Gouvernement veut plus de produit, il ne s'agira que d'augmenter le droit, et tel qu'il soit, les propriétaires et les commerçans le préféreront mille fois aux vexations, sans cependant le trop étendre, vu qu'il serait nuisible à l'agriculture et au commerce, et qu'il empêcherait la consommation : et je soutiens qu'un droit modéré, administré sagement, avec ordre et économie, rapporte plus à l'état qu'un droit trop considérable ; tout en va mieux pour le Souverain et le peuple, en évitant surtout les administrations et la complication des rouages qui font périr la machine.

Ce droit varierait peu dans son revenu , parce que dans les années ou la vigne donnerait moins, les prix seraient plus élevés.

Les autres boissons dont on pourrait établir le droit sur les mêmes bases, telles que cidres, poirés, bières , eaux-de-vie de grains, etc., pourraient encore donner un produit de . . . . 8,000,000 fr.

Avec celui des vins détaillé ci-dessus . . 62,622,222

TOTAL net du produit à l'extraction
      sur les liquides . . . . 70,622,222 fr.

Loin de moi, loin de tous ceux qui voudront bien me lire, la pensée, qu'en rédigeant cet écrit, j'aie entendu m'immiscer dans la science de la législation. J'ai donné à mes idées la forme d'un projet, uniquement pour les rendre plus sensibles. On y trouvera trop de détails, pas assez de moyens peut-être de prévenir les fausses déclarations. J'abandonne à la méditation des Législateurs l'appréciation de mes vues, et le soin d'en extraire ce qui peut faire l'objet d'une loi ; et au Gouvernement, ce qui appartient aux réglemens d'administration.

Conserver à l'état un subside nécessaire à ses besoins ; le faire recouvrer d'une manière facile, exempte de vexations, peu incommode aux contribuables, insensible sur leur fortune, tel a été mon but.

En le mettant au jour, je ne me suis pas dissimulé

la difficulté d'un recouvrement exempt de soustractions ; mais je me suis dit : rendre la fraude peu avantageuse, c'est éloigner de la faire. Un droit modéré est un tribut que chacun supporte sans peine. Dès qu'il est égal, on s'y soumet facilement. Ce droit, au surplus, tel que je le propose, dans la supposition même d'infidélité, fera rentrer au trésor public une somme supérieure à celle qui résulte de l'impôt actuel, excessif, exorbitant ; mais absorbé en grande partie par les trop nombreux rouages employés à sa perception.

Comme citoyen, j'ai voulu faire respecter cette promesse de nos Princes : *Plus de Droits réunis*, en m'en saisissant dans la véritable acception. La régie n'a rien fait en substituant l'expression *Contributions indirectes* à celle *Droits réunis*. Les modes d'assiette et de perception n'ont pas variés ; l'odieux est resté le même, et l'exaction n'a pas cessé : c'est contre cette exaction que s'est élevé le cri du peuple ; c'est en répondant à ce cri que les Princes ont promis, non de priver le trésor d'un impôt que les charges rendait indispensables, mais de faire cesser le mode de perception établi par le despotisme, et dont les abus se sont multipliés sous toutes les formes ; et notamment depuis deux ans, par des compositions sur de prétendues contraventions imaginées, pour suppléer au défaut des produits naturels de la denrée.

Comme négociant, j'ai pu connaître tout ce que la perception actuelle a de vexatoire et de destructif de l'industrie et des spéculations commerciales. Il m'a été facile d'apprécier la possibilité et les avantages d'un nouveau genre d'impôt, exempt des vices de la loi en activité, perceptible sans secousses comme sans frais.

Comme grand propriétaire, notamment de cent vingt arpens de vignes, et à la veille de me retirer d'un commerce que j'exerce depuis quarante ans, j'ai dû examiner si, en déchargeant le commerce du fléau dont il est accablé, et en l'affranchissant de l'exercice à l'aide duquel on l'opprime, le mode que je propose ne deviendrait pas une charge nouvelle pour le propriétaire de vignes. Je me suis convaincu, non-seulement que l'impôt à l'extraction ne gréverait pas le propriétaire, mais encore que celui-ci trouverait dans cet impôt unique, plus de facilité et de sûreté pour la vente de ses récoltes.

Cet impôt ne grévera pas plus le propriétaire de vignes, que celui sur les portes et fenêtres ne gréve celui des maisons. Il n'a dans mon système à payer, ni même à faire l'avance du droit, il n'est dû qu'à la sortie des boissons du cellier, et il est à la charge de l'acheteur : et si ce dernier, pour ne pas aller le payer lui-même, le fait acquitter par le vendeur, c'est qu'il payera son vin en conséquence. Que les propriétaires se rassurent donc contre les insinuations des Droits réunis, qui cherchent à se perpétuer !

Ce droit leur sera avantageux, en ce que le commerce une fois dégagé d'entraves, de riches maisons qui le suivaient et que les vexations leur ont fait abandonner, le reprendront, leurs enfans leur succéderont, d'autres les imiteront. Ce sont seulement ces riches maisons qui par leur fortune et leur crédit peuvent faire acheter par spéculation les vins des vignobles, dans les mois de l'année qui y sont favorables, pour les faire arriver avant les chaleurs de l'été dans de bons magasins et caves bien frais, et les y conserver pendant plusieurs années, pour ensuite les diriger aux demandes qui leur sont faites, tant à l'étranger que dans les lieux de consommation. Par là une grande concurrence s'établit; donc les propriétaires profitent, pour tirer un parti avantageux de leur récolte et un paiement bien assuré. C'est par là aussi que les pays de consommation se trouvent approvisionnés, tandis que de la manière dont ce commerce est persécuté, il ne peut y rester que ceux qui ne peuvent se dispenser de travailler pour vivre ; car à la première récolte abondante , le propriétaire jeûnera contre sa récolte. C'est alors qu'il recevra la loi de malheureux brocanteurs sans moyens, et qu'il verra arriver, ayant encore tout son vin, les chaleurs de l'été, qui pourront le lui faire tout gâter ; comme aussi les pays de consommation se trouveront sans approvisionnement, et la classe ouvrière privée d'un travail que ce commerce, presqu'aussi considérable à lui seul que tous les autres ensemble lui procurait, tout en facilitant l'écoulement des produits de notre sol.

Je ne dois pas me dissimuler que mon système, avantageux dans le plus grand nombre des propriétaires, éprouvera de l'opposition de la part de ceux des vignobles de première classe, comme la Bourgogne, la Champagne, partie du Bordelais, du Languedoc, de la Provence et autres , en ce qu'il établit l'impôt sur la valeur du vin. Il a été fort doux jusqu'ici à ces propriétaires, que sa perception n'est eu lieu que sur la quotité. La barrique de vin qui se vendait de 500 à 1,200 fr., ne payait les mêmes droits que celle de 10 à 30 fr. des petits vins, n'étant propres qu'à la consommation du pauvre, ou pour la fabrication du vinaigre. L'impôt doit être proportionné à la valeur de l'objet imposé. Cela est de raison comme de justice. L'intérêt du peuple le réclame ainsi. Celui du fisc, loin d'y être opposé, y trouvera un accroissement de recettes, qui ne sera onéreux pour qui que ce soit. C'est le riche et l'étranger qui consomment les vins de première classe. Quelques centimes de plus de droit sur ces vins , seront un léger tribut levé sur l'opulence, le luxe, la sensualité, et sur tout l'étranger qui achete une grande partie de nos grands vins, sans qu'il en soit consommé une bouteille de moins ; et les vins communs étant allégés d'impôts, le peuple en boira quelques litres de plus, la consommation sera plus assurée, et la rentrée des droits plus active.

Je crois mon triple but atteint par l'établissement d'un impôt unique sur l'extraction des liquides. Cet impôt remplira la promesse de nos Princes, il comblera les vœux du peuple, et assurera aux Législateurs de nouveaux droits à la reconnaissance et à l'amour des Français.

LIGNEAU GRANDCOUR.

~~~~~~~~~~~~~~~~~~~~~~~~~~~~~

A Orléans, de l'Imp. de DARNAULT-MAURANT, rue des Basses-Gouttières, n°. 2. (Mars 1818.)